L'ASSURANCE

CONTRE

L'ANARCHIE

PAR

LES SYNDICATS PROFESSIONNELS

Obligatoires pour la Statistique seulement

L'OPTION INDIVIDUELLE
ÉTANT RÉSERVÉE

POUR

TOUT AUTRE GROUPEMENT

OU

L'ANTI-ANONYMISME

Prix : 1 fr. 50

Par : FACTOR ou (LE FABRICANT)

BORDEAUX.

28 Décembre 1893.

TABLE DES MATIÈRES

ÉTUDES SUR L'IMPOT

ET

SUR SA RÉPARTITION

CHAPITRE PREMIER

Pour porter la lumière au sein des classes ouvrières, leur indiquer tout ce qu'elles ont à réclamer et la mesure dans laquelle elles doivent agir, afin de réaliser des progrès permanents et sûrs, il faut être autant modéré dans son langage que ferme dans son programme.

Avec le puissant levier du suffrage universel, il faut conquérir d'abord l'*opinion publique*, afin de faire transformer en lois d'État les desiderata de la science sociale ; et, pour conquérir l'*opinion publique*, ce n'est pas seulement l'ouvrier de telle ou telle profession qu'il faut instruire à formuler les modifications qu'il faudrait apporter à notre législation en ce qui concerne ses intérêts légitimes, c'est aussi la masse des électeurs, c'est-à-dire toute la *petite bourgeoisie*, laquelle est si près du prolétariat que ses intérêts économiques et sociaux sont absolument les mêmes.

La première question commune à ces deux catégories de citoyens que je range également tous dans la même classe : celle des besoigneux, des malheureux, des gens ne pouvant joindre les deux bouts ; la première question commune, dis-je, est celle de la répartition des impôts.

Si donc je trouve des impôts dont les formules satisfassent les classes ouvrières en même temps que l'immense majorité des petits bourgeois et même de la moyenne bourgeoisie, ne doit-on pas, au lieu de prêcher la guerre entre le bourgeois et l'ouvrier, faire une distinction entre bourgeois et bourgeois, et appeler à voter ensemble tous ceux que je vous signale comme ayant des intérêts semblables entre eux ?

L'Impôt doit être non unique, modéré.

L'impôt, je dois le dire tout d'abord, ne doit pas être un impôt unique, par la raison absolue que tout impôt *non modéré* est déjà vicieux, et que s'il était unique il ne pourrait pas être modéré. En outre il ouvrirait la porte à la fraude, par l'appât de gros bénéfices, et la moindre erreur dans son application frapperait tel citoyen aux dépens de tel autre, dans une limite trop éteudue.

Le premier impôt que je proposerai serait l'impôt sur le revenu proportionnel et progressif.

Actuellement, les idées sont acquises à la justice de la proportionnalité au revenu des valeurs, dans l'impôt, mais elles ne le sont pas encore à la justice de sa progression, croissant arithmétiquement, comme les revenus de chacun.

On ne comprend généralement pas que la progression, appliquée à la personne, soit une chose *juste*. C'est pourtant une vérité sociale, vérité à démontrer et à enseigner surtout dans les écoles. Tout cela, il est vrai, soulève de nouvelles questions d'application qui paraissent difficiles à résoudre, et je crois les avoir résolues sans qu'aucun citoyen soit soumis à une inquisition outrageante ni même de beaucoup aussi arbitraire que celle à laquelle sont actuellement soumis Messieurs les assujettis de la Régie, par exemple.

Bien mieux, tout en admettant en principe qu'il soit juste que chacun paie proportionnellement à sa fortune, le public ou les classes dirigeantes n'admettent pas encore, en France, que la proportion soit calculée suivant la personne, car on tomberait dans l'impôt sur le revenu; on n'admet que les impôts calculés sur les valeurs, soit comme impôts directs, soit comme indirects.

Le fisc s'applique à saisir les valeurs partout où elles ne peuvent pas lui échapper facilement. Ainsi d'abord il applique l'impôt sur les immeubles, puis ensuite sur les marchandises, contrats ou valeurs, partout où il peut les saisir au passage;

Dans les procès surtout où la divulgation des sommes en contes-tation, par les plaidants, lui facilite l'application de ses taxes; de telle sorte qu'on peut dire en France qu'*on est mis à l'amende* toutes les fois qu'on réclame de l'*État* qu'il accomplisse sa fonction de *justicier* soi-disant gratuit!

Mais revenons à la question :

L'Impôt doit être progressif
par l'union des prolétaires et des petits bourgeois,

Toute la justice de l'impôt résidant dans sa mesure et sa modéra-tion, après divers calculs destinés à faire voter ensemble une grosse masse de la nation, j'ai établi la progression, à appliquer à chacun, selon le tableau suivant :

Je divise les revenus de chaque personne habitant la France par tranches de 5,000 francs acquis, c'est-a-dire que celui qui n'aura que 4,999 fr. 99 de revenu sera exempt de cet impôt.

La 1re tranche de 5,000 fr. de revenu paiera 1 %, soit   50 fr.

— 2e	—	—	—	2 —	100 —
— 3e	—	—	—	3 —	150 —
— 4e	—	—	—	4 —	200 —
— 5e	—	—	—	5 —	250 —
— 6e	—	—	—	6 —	300 —
— 7e	—	—	—	7 —	350 —

On voit que celui qui aura 20,000 francs de revenus ne paiera que 500 francs; que celui qui en aura 35,000 paiera 1,400 francs, moins qu'il ne paie maintenant.

En continuant ainsi, la 50e tranche de revenu paiera 50 %, soit 2,500 francs.

Je limiterai l'échelle de cette progression à ce taux de 50 % pour tous les revenus dépassant 250,000 francs, sur une même tête; parce que, aller plus haut serait chasser de la nation les gros capi-talistes et qu'une nation en a besoin, à la condition de savoir s'en servir et de contenir leurs appétits. Il ne faut donc ni les chasser ni les effrayer outre mesure. Il faut les garder afin qu'ils contribuent à vivifier notre travail de tous les jours et afin qu'ils contribuent aux charges publiques dans la juste proportion progressive que j'indique;

et on verra, après l'application de cet impôt, que, d'un côté les petits bourgeois et ouvriers actuels auront leurs charges bien réduites et leur vie bien plus facile et que, d'un autre côté, les gros capitalistes auront acquis pour la conservation de leurs richesses des garanties absolues et bien supérieures à celles que toute autre nation pourrait leur offrir, parce que ces richesses seront désormais à l'abri de revendications, en partie légitimes aujourd'hui, de la classe prolétarienne.

Elles auront, pour ainsi dire acquis, par des primes d'assurances progressives et justes, une *sécurité que rien en France* ne pourra plus ébranler, pas même les attaques de l'étranger, parce que rien dans le monde ne saurait prévaloir contre une démocratie française armée et équilibrée.

La justification de l'impôt progressif a des arguments irréfutables : quelques-uns sont tirés de la façon dont les grosses fortunes s'accumulent à l'abri des lois actuelles :

Elles s'accumulent suivant une progression arithmétique facile à comprendre.

Pour leur faire la part belle, supposons-les non entachées de fraudes, de jeu ni de coups de Bourse. Supposons donc, par exemple, que :

Première Démonstration :

Un ouvrier a accumulé assez d'économies pour vivre sans rien faire et que néanmoins il continue de travailler pour vivre; qu'il place à intérêt les sommes représentant son travail accumulé de la veille, — cela s'appelle un capital. — S'il ne touche pas aux intérêts, qu'il les place à nouveau, cela s'appelle « placer son capital à intérêts composés ou progressifs ».

Par la suite du temps, son capital augmente et voilà ses petits-enfants millionnaires.

Au point de vue de la légalité, il n'y a rien à dire à cela; seulement je constate que cette richesse s'est formée en vertu d'une loi de *progression arithmétique* dont aucun règlement n'est venu entraver la force d'accumulation qu'on appelle vulgairement « Boule de Neige ».

2me Démonstration : La Boule de Neige.

A propos de la « Boule de Neige » il me revient à l'esprit un incident qui s'est passé un jour de neige, dans la cour du Lycée où je faisais mes premières études. Le voici :

En entrant en récréation, quelques-uns se mirent à faire des boules de neige, d'autres se mirent ensemble pour faire leur boule plus grosse ; il advint que ces derniers, en roulant leur boule à travers la cour, ramassèrent toute la neige parce que celle-ci s'accumula suivant une loi géométrique bien connue, qui se formule : En proportion directe du carré des surfaces et de la vitesse, ce qui donnait un énorme avantage à la boule faite par trois ou quatre élèves réunis, par rapport aux autres boules faites individuellement par tous les autres élèves. Si bien qu'à la fin de la récréation, les trois ou quatre réunis avaient non seulement accaparé toute la neige restée libre, mais encore avaient joint à leur grosse boule les boules de plusieurs autres camarades.

On laissa les choses en place, et à la récréation suivante, on revint pour achever la grosse boule ; mais quel ne fut pas notre étonnement : le temps, — l'*usure* du temps ! — avait fait fondre ou disparaître les petites boules, et il ne restait plus que la grosse, sur laquelle l'*usure* du temps n'avait pas laissé de traces appréciables.

Je compris, dès cette époque, qu'un règlement aurait été nécessaire pour défendre les *petites boules* contre *la grosse* d'abord, puis pour les garantir contre l'*usure* du temps ou les autres fatalités de l'existence.

C'est peut-être depuis cette époque que je suis devenu *garantiste*, intuitivement, par le besoin de justice qui me possède.

Dans tous les cas, il reste acquis : 1º que la « Boule de Neige » se forme par l'accumulation des économies réalisées par les travailleurs (ou les bourgeois), sur les produits de leur travail ou de leurs revenus. Il reste acquis : 2º que cette accumulation est d'autant plus forte que les économies et revenus initiaux sont plus considérables. Il reste également acquis, en troisième lieu, que ces économies seront d'autant plus considérables que l'impôt ne les atteindra pas et ne les diminuera pas. C'est précisément ce qui a lieu lorsque, après avoir payé toutes ses dépenses de l'année courante, le travailleur ou le bourgeois arrive à *placer ses économies*. Dans ce cas, l'argent (ou capital) placé n'a plus à subir les prélèvements journaliers qu'a eu à subir le premier argent, ayant servi à l'entretien de la famille.

Il représente néanmoins une valeur (ou capital) de production, tout comme le précédent, et il n'est pas étonnant de le voir s'accroître rapidement du moment qu'il est exonéré de toutes les contributions indirectes frappant le premier capital initial, *soit le travailleur-producteur en chair et en os*.

Il est donc nécessaire, pour rétablir les choses dans les mêmes conditions d'équilibre et de justice initiale, de frapper ce second capital, en train de former « Boule de Neige » d'un droit compensateur ou *impôt progressif*, en vertu d'un nouveau règlement.

Eh bien! c'est précisément *ce règlement* qui manque à l'état social, et voici en quoi il doit consister.

Il faut faire payer les charges publiques par chaque habitant, selon la même méthode de progression qu'il emploie lui-même pour accroître ses revenus ou son capital.

3me Démonstration :

Un troisième argument vient à l'esprit si l'on se prend à considérer *l'homme*, le travailleur, comme représentant en lui-même une VALEUR PRODUCTIVE. On reconnaît tout d'abord que cet ouvrier CONSOMME A MESURE qu'il PRODUIT, et que, par sa fonction de *consommateur* dans la *nation*, il *sert de débouché aux produits* de cette nation, et qu'à ce point de vue il vient en aide à ses concitoyens et *contribue à les faire vivre*.

Tandis que, si l'on considère, à côté de cet homme, de ce travailleur, une AUTRE VALEUR PRODUCTIVE représentée soit en numéraire, marchandise ou en une machine... *productive* de services équivalents (ou des mêmes *produits*), on est forcé de reconnaître que ce *producteur nouveau* ne consomme presque rien de ce que son voisin a consommé et qu'il n'est, pour la nation, que d'une bien petite utilité au point de vue du débouché des produits, lesquels un travailleur, en chair et en os, aurait consommés.

La loi peut bien considérer le *capital* représenté par ce *producteur nouveau* comme une *personne morale*, au point de vue de ses droits aux revenus qu'il ou qu'elle crée, mais on est forcé de reconnaître encore, que cette *personne morale — travailleur mécanique —* en peut pas non plus porter un fusil pour contribuer à la défense du sol natal.

Cette personne morale est donc, au point de vue *des services rendus à la nation*, dans un triple état d'infériorité, par rapport aux personnes vivantes ; car ces dernières, tout en produisant :

1º *Consomment* autour d'elles ;

2º *Défendent* le sol national par l'impôt du sang ;

3º *Paient* des impôts en numéraire, saisies qu'elles sont par le fisc, dans tous les mouvements de leur vie matérielle ;

L'autre, au contraire, ne paie qu'un très léger impôt, quand elle en paie, sur les produits qu'elle a fabriqués, ou les matières premières qu'elle a consommées ou transformées.

4me Démonstration :

Si donc nous considérons l'impôt du sang comme étant la part contributive de chaque citoyen pour la défense de sa personne et de son premier capital jusqu'à 4.999 fr. 99 c. de revenu, par exemple, il s'ensuit que, de ce chef, tous les citoyens seront égaux devant la loi, si le service militaire est imposé à tous.

Il en sera de même lorsque nous leur appliquerons 1 % sur la première tranche de leurs revenus, puisque, dans ce cas, il se trouvera groupés : 1 % en argent plus 1 fusil dans la main d'un homme, pour défendre devant l'ennemi ce premier groupe de deux personnes (l'une constituée en chair et en os, l'autre simplement personne morale, constituée en capital accumulé et s'accumulant.

Mais, là où la question change et où l'équilibre de la justice est rompu, c'est lorsqu'il arrive une nouvelle tranche de revenu (nouvelle personne morale s'enrichissant par accumulation progressive à l'abri de l'anarchisme économique actuel) : Il faut défendre cette nouvelle personne avec le même fusil qui sert à défendre la première, puisque, tout comme la précédente, elle ne paie en argent que 1 % sur sa valeur, du moins d'après les principes actuels de la soi-disante proportionnalité de l'impôt.

Il n'en était pourtant pas ainsi autrefois lorsque, avant la venue du *machinisme*, un fabricant employait dix ouvriers pour réaliser dix tranches de 5.000 fr. de revenus, par exemple ; à cette époque, il y avait bel et bien dix fusils devant l'ennemi, tandis qu'aujourd'hui si le fabricant a remplacé ces dix hommes par une machine faisant l'ouvrage de neuf hommes plus un mécanicien, il n'y a plus pour le même capital à défendre, qu'un seul homme et un seul fusil devant l'ennemi.

Cet exemple est saisissant : il prouve qu'il est impossible à la deuxième tranche de revenu constiuée sur la même tête, de se défendre avec la contribution de 1 °/₀ seulement, et qu'elle doit contribuer à la défense nationale dans une proportion plus élevée que la première, c'est-à-dire dans une proportion *progressive*.

5me Argument :

Je prouve que cette *progression* doit être continuée à chaque nouvelle tranche de revenu, par la raison que son heureux possesseur puise, dans le milieu social qu'il habite, des jouissances d'autant plus raffinées qu'il est plus riche.

On peut dire que les services et le bien être qu'il peut retirer de ce milieu sont en réalité en *proportion progressive* de sa fortune.

6me Argument :

Une situation d'infériorité contributive analogue se présente également pour un pays ou une province, lorsque ses plus belles terres sont entre les mains de capitalistes étrangers et que ces derniers n'habitent pas le pays et ne viennent pas y dépenser leurs revenus.

Tout comme lorsque nos seigneurs les anonymes de la haute finance, des grosses Compagnies d'assurances, ou de mines, ou de chemins de fer français, etc., n'habitent pas la France, ou même si, en l'habitant, ils n'y consomment que très peu de leurs revenus.

Dans ces cas, il est exact de dire que, usant de leurs droits jusques à l'abus, ils frustrent la France de bénéfices qui résulteraient pour elle de la consommation sur place de leurs revenus, étant donné que les grands travaux reproductifs de richesses ne manquent pas en France.

Ces faits étant établis, quoi de plus *juste* que la NATION qui fournit sa sécurité et son outillage général à l'heureux absentéiste ou au trois fois heureux capitaliste — anonyme — cosmopolite — (ce qui permet ainsi à ce dernier d'accumuler, par progression arithmétique, des richesses formidables), AIT, *en toute justice*, le DROIT incontestable de frapper ses revenus d'un impôt calculé par progression arithmétique.

Je crois avoir suffisamment prouvé la justice de la progression dans l'impôt sur le revenu.

7me Argument : Salut public.

Je veux maintenant aller plus loin et dire que l'impôt progressif s'impose comme une nécessité sociale; que c'est une mesure de salut pour la masse de la nation, prolétaires et bourgeois, s'ils ne veulent pas devenir, à brève échéance, la proie de quelques richissimes anonymes, dont la boule de neige va toujours en grossissant, ou bien les victimes d'une révolution aveugle, fomentée par les communistes partageux et mise en action par les anarchistes du bas de l'échelle.

En effet, la puissance des nations, comme celle des individus, ne peut jamais se mesurer que *relativement*. On peut devenir beaucoup *plus pauvre* et plus impuissant tout en s'enrichissant, si autour de vous les autres s'enrichissent dans une progression beaucoup plus forte que vous, et lorsque ces différences se chiffrent entre les *classes sociales* par des milliards de francs, les faits prouvent que les plus puissants écrasent les autres par le simple jeu de ce qu'ils appellent LA LIBERTÉ, laquelle devient pour les premiers la liberté de tout faire et pour les autres la liberté de... mourir de faim.

Urgence.

Il y a donc urgence à établir l'impôt progressif.

Dans une société bien organisée, tout doit être réglé, ordonnancé, prévu, pour que le plus grand nombre ou tous reçoivent la plus grande somme de justice possible et pour que les plus gros n'écrasent pas les plus petits.

Prolétaires - Conservateurs.

C'est pour cela que les prolétaires doivent être les premiers à répudier la doctrine anarchiste, car *Anarchie* veut dire *Absence de pouvoir* public, de lois, de règlements.

CHAPITRE II

Objections (impossibilité).

ABOLITION de L'ANONYMAT.

La grande objection que MM. les économistes opposent à l'impôt progressif sur le revenu est basée sur la difficulté qu'il y aurait à contrôler les revenus produits par les valeurs anonymes. Je considère cette objection comme sans importance, parce que je ferais payer à tout titre anonyme le taux le plus élevé de la progression, soit 50 pour 100, à moins qu'une loi vraiment républicaine ne vienne abolir une fois pour toutes l'anonymat, et ne modifie la néfaste loi du 25 juillet 1867, que nous ont fabriquée les capitalistes de l'Empire.

Réforme de la loi sur les sociétés en action.

Il faudrait tout au moins :

1º Que cette loi, prenant son vrai nom de *Loi sur les Sociétés en actions*, obligeât les fondateurs au dépôt préalable à la Caisse des Dépôts et Consignations, avant la première Assemblée générale, du quart du capital versé en espèces ;

2º Que tous les titres restassent toujours nominatifs ;

3º Que leur négociation ne fût possible qu'après le versement intégral du capital souscrit.

Ces mesures empêcheraient le jeu, les majorations et primes qui ne profitent qu'aux spéculateurs anonymes, monteurs de coups, anarchistes de haute volée, qui savent s'arranger pour mettre toujours leur responsabilité à couvert.

4° Il faudrait aussi que les administrateurs, surtout dans les Sociétés à faible capital, eussent un nombre d'actions proportionnel au chiffre du capital, de façon à ce que tous aient un intérêt réel, direct et très sérieux au succès de l'entreprise ; tandis que, la loi actuelle leur permettant de n'avoir qu'un nombre très restreint d'actions, leur intérêt réel, dans l'affaire, consiste presque toujours en jetons de présence qu'ils touchent, et en avantages inavoués et collatéraux que leur procurent ces places d'administrateurs.

Ajoutez la facilité que procure aux lanceurs de l'affaire la possibilité de faire voter aux Assemblées générales d'actionnaires ce qu'il leur plaît de leur faire voter, (et cela à l'aide de leurs actions anonymes, habilement apportionnées en petits paquets), et vous aurez la raison pourquoi la loi actuelle favorise la fraude et le vol des capitaux de ces bons et naïfs provinciaux, par les grands roublards de la Finance, lesquels n'admettent au-dessus de leurs *appétits anarchiques*, DE LEUR DIEU, ou si vous préférez, de leur VEAU D'OR, aucune règle, aucune organisation sociale, qu'ils ne puissent tourner, éluder ou violer afin d'être les MAITRES, *rester* ou *devenir* (pour emprunter une expression à M. Jaurès), les CONCENTRATEURS SOUVERAINS du capital.

Donc, la nécessité d'abolir tout anonymat s'impose.

Abolition de l'Anonymat.

L'anonymat est la forteresse dans laquelle se préparent tous les abus du capital.

Lorsque Gambetta a dit : « Le cléricalisme, voilà l'ennemi », c'était l'*anonymat religieux* qu'il visait, et il aurait été bien plus exact en disant :

« L'anonymat, voilà l'ennemi. »

Car les ordres religieux ne sont dangereux que lorsqu'ils sont anonymes, incontrôlables, c'est-à-dire MASQUÉS.

Anonymat des Congrégations.

Qu'il me soit permis, à propos d'ordres religieux (car je ne veux, pour personne, mettre ma lumière sous le boisseau), de citer textuellement le passage de la première Encyclique du Pape Léon XIII où il définit ainsi les droits des associations religieuses :

Encyclique.

« Le droit à l'existence leur a été octroyé par la nature elle-même, » et la société civile a été instituée pour protéger le droit naturel, » non pour l'anéantir. C'est pourquoi une société civile qui interdi- » rait les sociétés privées s'attaquerait elle-même, puisque toutes » les sociétés, publiques et privées, tirent leur origine d'un même » principe, la naturelle sociabilité de l'homme. Assurément, il y a » des conjonctures qui autorisent les lois à s'opposer à la formation » de quelque société de ce genre. Si une société, en vertu même de » ses statuts organiques, poursuivait une fin en opposition flagrante » avec la probité, avec LA JUSTICE, avec la sécurité de l'État, les » pouvoirs publics auraient le droit d'en empêcher la formation et, » si elle était formée, de la dissoudre ; mais encore faut-il qu'en tout » cela ils n'agissent qu'avec une très grande circonspection, pour » éviter d'empiéter sur les droits des citoyens et de statuer, sous » couleur d'utilité publique, quelque chose qui serait désavoué par » la raison. Car une loi ne mérite obéissance qu'autant qu'elle est » conforme à la droite raison et à la loi éternelle de Dieu. »

— *Lequel Dieu*, pour tous les hommes, dans tous les temps, dans tous les lieux, a été, est et sera *adéquat à la justice*... car nul n'a jamais conçu son Dieu *en dehors* de son idéal de justice, ni *supérieur* à la justice, ni *inférieur* à la justice, ni AUTREMENT que JUSTE. —

Le sentiment du « JUSTE » s'éveille dans la conscience humaine au contact de son SEMBLABLE par le BESOIN DE RESPECT qui est en lui.

Respect d'abord exigé des autres pour lui-même et ensuite rendu aux autres parce que les autres sont ses SEMBLABLES et qu'il ressent la *dignité humaine offensée en* EUX *comme si elle* était offensée en LUI.

— Sans pour cela qu'il soit besoin que les autres, *ses semblables,* soient ses ÉGAUX. —

Ce sentiment est d'ordre absolument *sensationnel* et trouve sa SANCTION dans le bonheur immense qui emplit et enivre l'homme lorsqu'il se dévoue pour son semblable et surtout lorsqu'il se *dévoue jusqu'à la mort,*

C'est-à-dire, jusques à la consommation de sa vie.

DONNANT, dans un suprême acte d'amour, — . . . . . .

dans cette concentration mystérieuse — . . . .

(reproductive de la *cellule* inconnue !), ...

. . . .

SON GERME, aux générations futures ;

Comme l'ont fait tous les héros qui ont donné leur vie pour l'humanité ou pour la patrie et dont le sang a fait germer le Progrès humain.

Ce sentiment trouve également sa sanction *initiale* dans la souffrance que tout homme éprouve à la vue des souffrances de ses semblables.

Ce sentiment *adéquat* aux principes de JUSTICE *enseignés* dans toutes les écoles, ne saurait supporter, SANS UN PROFOND FROISSEMENT, *les* PRIVILÈGES des UNS *aux dépens des* AUTRES.

En se rapportant à la citation précédente, il ressort que le Pape lui même condamne l'abus que les congrégations pourraient faire de leur anonymat contre le travailleur nominal ; ....

En effet, qu'elle fin pour les congrégations, serait en opposition plus flagrante avec la *justice*, la probité, la dignité personnelle et la sécurité de l'État, que de se constituer, dès le début, *le privilège du masque !*

Il ne faut de privilèges pour personne.

Il faut une *loi* commune pour tous, et non point des lois d'exception, comme on cherche à en faire actuellement, sans pouvoir se mettre d'accord sur les termes.

Ceux qui nous gouvernent, en proclamant les grands principes de 1789, devraient se souvenir que le principal est :

L'égalité devant la loi.

Il faut donc réformer la loi sur les Sociétés en actions et étudier les modifications que je propose afin de la rendre applicable à toutes les Sociétés, soit civiles, soit religieuses, en *garantissant* avec soin les intérêts du public, c'est-à-dire des individus *isolés-nominatifs* contre les *coalisés-anonymes ou masqués*.

En France, l'usage tolère le masque *en carnaval* seulement, le jour du *mardi gras* notamment ; il ne faut pas permettre ni tolérer que la loi qui le défend soit plus longtemps violée.

Les financiers, pas plus que les corporations quelconques, ne doivent avoir la permission de désigner leurs valeurs (hommes, femmes ou argent) sous des numéros ou des noms d'emprunt. Cela est contraire à la sécurité des capitaux, du public et du contrôle incessant que les agents de l'État, tant pour le contrôle financier de l'Enregistrement, que pour celui de l'hygiène publique ou tout autre, doivent exercer sur les livres, registres, dans les comptoirs ou dans les maisons des Sociétés en actions ou en congrégations, c'est tout un.

Quoi qu'il en soit, ne pouvant pas modifier toutes les lois en un jour, le prolétariat, qui est la classe souffrant le plus de leurs imperfections, doit appeler à son aide la petite et la moyenne bourgeoisie, afin d'y faire de suite les modifications les plus urgentes.

Or, le calcul ci-dessus, en ne mettant à la charge de ceux qui ont 20,000 francs de revenus que la somme de 500 francs, modifiera en mieux leur situation actuelle devant le fisc, car ils paient davantage ; et comme ils seraient délivrés d'une masse d'impôts vexatoires, il est certain que la plupart d'entre eux voteraient avec le prolétariat. Quant aux autres, en allant en bas de l'échelle, leur coopération est absolument acquise à la réforme que je propose, parce qu'ils paieront bien moins qu'aujourd'hui, et beaucoup ne paieront rien.

Reste à élucider la question d'application :

CHAPITRE III

Application de l'impôt progressif.

J'entends d'ici tous les possesseurs de gros portefeuilles crier qu'elle est impossible.

Qu'il me soit permis de leur répondre, pour l'instant, que l'impôt sur le revenu est appliqué en Suède et Norwège, en Angleterre, en Suisse, en Italie et même à Berlin où il y a des commissaires élus pour juger les différends entre les particuliers et l'État; et que, dans cette dernière ville, lorsqu'à la fin de l'exercice, l'impôt sur le revenu a laissé un reliquat, cet excédent est réparti entre les habitants les plus pauvres. *Donc cet impôt y est, dans certains cas, progressif.*

La Suisse envoie également à tous les jeunes gens employés ou commis sur le restant de la planète la note annuelle de leurs impôts calculés sur leurs appointements ou bénéfices supposés, et elle est religieusement payée par ces derniers.

L'application de l'impôt progressif doit évidemment commencer par la déclaration annuelle du contribuable et un tribunal d'honneur doit être élu tous les ans pour résoudre les contestations entre eux et le fisc.

Dangers de l'Impôt de capitation.

L'impôt direct doit être progressif sur les revenus de chacun; car, s'il n'était que proportionnel, il retomberait forcément en un *impôt de capitation* sur le nécessaire des travailleurs, parce que les propriétaires, capitalistes ou marchands, augmenteraient toujours leurs loyers, fermages, intérêts ou prix de vente, du montant des impôts, taxes ou octrois dont ils auraient fait les avances.

Impôt sur le superflu.

Le taux de cette progression doit être modéré et conçu de façon à réaliser, autant que possible, cet idéal de JUSTICE et de FRATERNITÉ, à savoir que:

L'IMPOT DIRECT DOIT ÊTRE PROGRESSIF ET PRIS SUR LE SUPERFLU DU RICHE.

CHAPITRE IV

Impôts de circulation.

Passant à l'examen d'autres impôts, et les étudiant au point de vue du plus grand nombre, je dis que :

« Le prolétariat doit établir, comme principe fiscal, la suppression » de tous les impôts établis sur la circulation intérieure des mar- » chandises. » (Bien entendu, je réserve la question d'hygiène, de laquelle dépendent les alcools et les poisons); mais en principe il n'y a pas de raison valable pour imposer dans sa circulation une pièce de cent sous lorsqu'elle est transformée en vin sain et naturel plutôt que lorsqu'elle est transformée en *calicot* ou en pâtisserie.

Le législateur doit imiter la nature qui récolte sur la plante *venue*; « Il doit récolter sur les *valeurs faites*, sur les bénéfices réalisés, » capitalisés, immobilisés même, ces derniers ayant acquis une » valeur supplémentaire de *sécurité*; mais il ne doit pas mettre de » barrières artificielles ni d'entraves au grand mouvement de travail » incessant qui produit ces valeurs. »

C'est, du reste, pour faciliter ces résultats qu'on crée des routes, des chemins de fer, qu'on perce des montagnes, etc...; il est donc bien stupide de ne savoir prélever les frais généraux d'une nation qu'en créant des entraves et barrières artificielles sur les routes suivies par le travail et le capital, dans leur mouvement créateur de richesses.

Ainsi, premier point acquis :

Abolition des octrois.

Point d'impôts sur le mouvement des marchandises si sur les valeurs en formation. Donc :

L'impôt doit épargner les denrées de première nécessité, celles d'alimentation, ce qui condamne absolument tous les droits d'octroi actuels.

Les octrois sont encore une faute au point de vue « national », en ce sens qu'ils font peser une partie des dépenses des villes sur les producteurs des campagnes, d'où la conséquence du dépeuplement des campagnes au profit des villes, ce qui engendre l'anémie de la population et le dépérissement de la race.

Une autre conséquence économique de cet état de choses est le développement des grands magasins de Paris allant tuer, jusque dans les villages les plus reculées, l'industrie du petit magasinier : ce qui n'aurait pas lieu avec des impôts progressifs et la suppression des octrois.

Ces octrois sont, en effet, des impôts progressifs au rebours, puisqu'ils font payer au prolétaire, père de famille, un impôt qui se multiplie par le nombre de ses enfants, lesquels *consomment* et ne *produisent* pas encore ! ! !

La modération dans les patentes des marchands de comestibles s'impose au premier chef, car, s'il faut que les marchands de la banlieue des grandes villes puissent venir librement offrir des denrées aux habitants de ces villes, tout en étant sévèrement contrôlés par les agents de l'hygiène publique, il faut également qu'une patente trop élevée n'empêche pas le magasinier de soutenir la concurrence du marchand forain.

La Gabelle.

L'État doit aussi abolir l'impôt sur le sel qui est si utile à l'agriculture et dont elle ne peut se servir à cause des formalités qui entourent sa dénaturation ; tandis que si *l'eau de mer* était *libre*, on pourrait l'amener dans l'intérieur par des canalisations, et son emploi deviendrait général pour le plus grand profit d'une foule d'industries, entre autres la production de l'électricité à bon marché, l'assainissement des villes et la désinfection des eaux d'égoût par la *volatilisation de l'eau de mer par l'électricité;* comme pour la salaison des fourrages, la conservation des feuilles d'arbres et arbustes, la fécondation des sols pauvres en sodium, etc., mais il est écrit que nous n'échapperons pas encore aux droits de gabelle; c'est une fatalité gouvernementale.

Vins.

Il faut également abaisser, au point que ce ne soit plus qu'une taxe de statistique, les impôts sur les *vins*, cidres et poirés *naturels* et boissons hygiéniques et réserver les foudres de la Régie pour Messieurs les fraudeurs et empoisonneurs publics.

CHAPITRE V
L'impôt doit être garantiste.

Le prolétariat (parce qu'aucun capital ne l'aide ni ne le protège) doit aussi demander à l'impôt de posséder une autre qualité essentielle : celle d'être GARANTISTE, c'est-à-dire qu'il doit fournir à celui qui le paie les garanties minimum auxquelles tout citoyen isolé doit avoir droit, en échange du paiement de toutes taxes relatives aux services divers exigés pour le fonctionnement desdites garanties, dont nous allons du reste énumérer les principales :

En effet, un État bien organisé ne doit pas seulement aux citoyens sa garantie contre les voleurs, fonctionnant à l'aide de ses gendarmes, de sa police, de ses tribunaux et de ses commissaires. Il leur doit encore sa garantie contre l'*incendie*, contre la *maladie*, la *vieillesse*, et contre le *chômage* (le chômage pour l'ouvrier, c'est la famine à la maison).

Question du chômage.

De quelle caisse doivent sortir les secours aux victimes des chômages ?

Il y a ici une grande distinction à faire :

D'abord, il ne faut pas limiter le sens du mot *chômage*, à l'arrêt du travail du jour dont le prolétaire est la première victime.

Il faut l'étendre dans une certaine mesure à l'arrêt dans la circulation des produits à vendre en première main, restant inertes entre les mains de leurs producteurs ; produits qui représentent le travail accumulé de la veille et qui ont un égal droit au garantisme social, comme le travail non accumulé du jour même.

Dans le cas où le chômage ou arrêt est produit par des forces supérieures et indépendantes de la volonté de l'homme (incendie, gelées, grêle, foudre, sécheresse, inondations, épidémies, etc.), l'indemnité est due par l'État qui calcule ses impôts de façon à pouvoir parer à ces malheurs publics.

Dans le cas, au contraire, où le chômage est causé par la volonté des victimes (grèves, jeu, mauvaises spéculations, etc.), ce sont les caisses de chômage et de prévoyance, instituées dans le sein des syndicats par et pour les intéressés, qui doivent venir en aide aux associés, qui ont été prévoyants.

Nul ne peut se décharger de ses responsabilités sociales et politiques pour en charger l'Etat, — ce serait vraiment trop commode.

Il peut néanmoins se rencontrer des cas où le service de garantisme doit être fait par les deux facteurs réunis (l'État et les annexes des syndicats) ; de ce nombre sont les cas d'accidents, de vieillesse, infirmités, arrêt de débouché, etc...

L'État doit encore aux propriétaires et aux cultivateurs français des garanties contre les maladies cryptogamiques (le tout dans la limite du possible) et les ravages des insectes causés par la destruction des oiseaux.

L'État doit surtout prendre des précautions préventives contre ces éventualités, autant du moins que la science le lui permet.

Ainsi, contre la gelée qui enlève des millions au pays, l'organisation obligatoire de fumées et nuages artificiels faits en temps opportun par les syndicats agricoles ; la provocation de la pluie par des décharges électriques faite, à l'aide de ballons chargés d'électricité, ou de puissants détonants envoyés à coups de canon dans les hauteurs de l'atmosphère, peut empêcher la gelée, la grêle et la sécheresse dans bien des cas, etc.. etc.

La prévision de fermeture de débouchés, par les données de la statistique que je préconise, sera facile, et des mesures efficaces pourront être prises à temps, sur les indications fournies par les *syndicats intéressés*, afin d'éviter des chômages prévus d'avance. Toutes choses qui ne peuvent se faire actuellement, puisque aucun groupe économique n'est constitué pour s'en occuper utilement en temps opportun, *avec des responsabilités effectives, et le pouvoir d'une action immédiate.*

A ce sujet, je ne veux pas laisser passer l'occasion de dire que l'État doit protéger les petits oiseaux et ne pas laisser à un préfet, ignorant de ses devoirs, le droit de dire au gendarme, dans son arrêté sur la chasse, qu'il doit distinguer l'alouette *lulu* de l'alouette qui n'est pas *lulu*..

L'État ne doit être qu'un Assureur général.

L'État doit aux voyageurs des garanties contre les *accidents de route*, sous la réserve de son droit d'augmenter les impôts de chacun des primes d'assurances afférentes aux diverses garanties.

Le rôle de l'État, en effet, n'est pas de faire tel ou tel commerce, telle ou telle spéculation, mais bien de garantir les richesses créées et les valeurs existantes.

Il doit laisser à l'initiative privée le soin de la production des richesses.

Il doit s'opposer par de bonnes lois, sévèrement appliquées, à ce qu'au lieu d'être réellement *produites* ou créées, ces dernières ne soient que *seulement déplacées*, par des spéculateurs habiles et puissants, au grand détriment des travailleurs isolés et ignorants.

En république, à de rares exceptions près, justifiées, du reste, par l'utilité ou l'hygiène publiques, *l'État ne doit produire que des garanties pour tous.*

Loin de se lancer dans des spéculations aléatoires, il doit rester un incessant producteur de sécurité. Il doit n'être qu'un *assureur général.*

Pour toutes les GARANTIES, dues, en principe, par l'État en échange de l'impôt, il faut bien se garder de vouloir organiser le fonctionnement de tous ces nouveaux rouages par le pouvoir central. — Bien au contraire : le mouvement doit partir de la circonférence. C'est *dans* et *par* des syndicats devenus *obligatoires pour la statistique, dans toutes les professions,* que devra s'organiser la lutte contre tous les fléaux qui viennent frapper le travailleur impuissant dans son isolement.

Les sinistres seront réglés par les Syndicats concurremment avec les agents de l'État et suivant les données fournies par la statistique déjà établie.

Arrivés à ce point de notre étude, nous avons démontré :

1º Que le premier impôt doit être proportionnel et progressif;

2º Que les autres impôts ne doivent pas gêner le mouvement des valeurs, ce qui condamne les impôts de circulation et les octrois.

3º Que les impôts doivent garantir à chacun le plus de stabilité et le plus de sécurité possible.

En poursuivant cet examen, nous trouvons que les droits d'enregistrement doivent être considérablement abaissés.

CHAPITRE VI

IMPOTS INDIRECTS ADMIS :

1° Droit d'enregistrement de 1 pour 100 sur toutes valeurs.

Il faut aussi diminuer des 9/10es les droits de mutation sur les immeubles, car il n'y a pas de raison pour faire payer à cette catégorie des *valeurs faites*, un droit de mouvement plus élevé que celui payé par les autres *valeurs faites*, comme les actions de chemins de fer, de mines, etc., qui représentent, tout comme les précédentes, des valeurs faites : c'est-à-dire réalisées, capitalisées, sécurisées.

Pour toutes ces valeurs, qu'elles qu'elles soient. un droit unique de 1 pour 100 à chaque mutation serait suffisant; on obtiendrait ainsi ce double résultat de restreindre les jeux de Bourse et de permettre à la propriété immobilière de passer, sans entrave sérieuse, entre les mains des personnes le plus en état ou en mesure de lui faire rendre tout le revenu qu'elle est susceptible de rapporter.

Ces droits de mutation ou d'enregistrement sur les ventes des propriétés et immeubles, réduits qu'ils seront à 1 pour 100 comme ceux relatifs à toute valeur de Bourse, seront *nets*, c'est-à-dire qu'ils ne comporteront aucun des droits fixes qui pèsent aujourd'hui proportionnellement bien davantage sur les petits héritages que sur les gros.

Le papier timbré, timbres-quittances, etc., seraient abolis et l'enregistrement de tout document réduit à un simple et très léger droit de statistique, à l'exception des pièces de procédure, jugements, etc., qui devraient être enregistrées gratis.

Impôt sur les célibataires.

L'impôt doit également frapper de taxes *progressives sur leur superflu* les célibataires des deux sexes ; car ceux-ci, loin d'augmenter les forces, les ressources et la puissance de l'État, par l'apport de générations nouvelles, stérilisent jusque dans son germe l'expansion nationale et abusent souvent des loisirs que leur procure leur liberté grande.

Impôt sur les étrangers.

L'impôt doit également frapper les étrangers de taxes équivalant à celles que paient nos travailleurs nationaux, de façon à *garantir*, contre une immigration imprévue, le salaire de ces derniers, ainsi que le déplacement de nos affaires commerciales.

2° Monopole de l'ALCOOL

Comme conséquence de ce qui précède et pour trouver des impôts répondant aux conditions ci-dessus définies, je dis qu'il faut que l'État prenne en mains le monopole de la vente des alcools avec l'obligation de n'employer que des alcools français, et de ne les vendre qu'absolument purifiés de tout éther nuisible à la santé et d'après les derniers procédés de rectification. Il est logique, comme service d'hygiène, que l'État soit chargé de cette vente ; de plus il retirera de ce monopole des bénéfices qui seront bien plus considérables que ceux produits par les droits actuels, auxquels du reste le quart environ de l'alcool consommé en France échappe, soit par les bouilleurs de cru, soit par les vins alcoolisés venant de l'étranger, — deux portes ouvertes à la fraude.

Selon un article fort bien fait, paru dans le *Petit Journal*, le revenu de ce monopole serait de plus d'un milliard.

3° Monopole des Tabacs, des Poudres et des Explosifs.

L'État doit aussi garder le monopole des tabacs, des poudres, des allumettes et des explosifs.

La surélévation de prix résultant de ces monopoles n'attaquant le consommateur que dans ses vices ou dans son superflu, ou bien encore dans des emplois dangereux pour la sécurité publique.

4° Douanes garantistes.

Enfin je suis partisan des droits de douane, non point *protecteurs*, car PROTECTION signifie *faveur* accordée à Pierre *aux dépens* de Guillaume, tout comme LIBRE ÉCHANGE signifie *permission* au plus fort, au plus riche ou au plus irresponsable, au plus audacieux masqué, d'écraser le travailleur pauvre, isolé et nominal.

Je suis partisan de la doctrine garantiste-mutuelliste-réciprocitaire, qui signifie que nous devons tous nous garantir mutuellement la préférence dans l'achat des objets nécessaires à nos besoins, pourvu toutefois que les prix n'en deviennent pas trop exagérés, par cette préférence.

Statistique obligatoire.

C'est une question de mesure, et pour chaque article il faut un raisonnement différent. Pour pouvoir arriver à peser exactement le taux de garantie dont chaque industrie ou profession doit être entourée, il est nécessaire, je le répète, qu'une loi nouvelle vienne créer des syndicats de statistique obligatoires dans toutes les professions.

Voici ce que pourrait être cette loi :

4

CHAPITRE VII

PROJET DE LOI SUR LES SYNDICATS.

ARTICLE PREMIER. — Tout citoyen français doit faire partie d'un Syndicat de statistique, chacun selon sa profession principale et dans sa commune.

ART. 2. — S'il exerce plusieurs professions, il sera obligé de faire partie de chaque Syndicat y afférent; il aura voix consultative dans chacun, mais il n'aura voix *délibérative* que dans un seul, celui dans lequel sont ses plus grands intérêts et dont il retire ses plus gros revenus.

ART. 3. — Dans le cas où il accepterait des fonctions publiques rétribuées, il n'aurait plus que voix consultative dans son Syndicat pendant toute la durée de ses fonctions.

ART. 4. — Chaque Syndicat doit être formé d'au moins dix membres, et s'il faut réunir les professionnels de plusieurs communes pour obtenir ce chiffre, le Conseil général fera ce groupement.

ART. 5. — Les personnes qui n'auraient pas de profession proprement dite, seront syndiquées dans le groupe des rentiers ou pensionnés pour défendre leurs intérêts communs.

ART. 6. — Les membres de chaque Syndicat, devenus ainsi des *citoyens économiques*, élisent tous les ans leur Bureau qui doit comprendre :

Un Président, un Vice-Président, un Trésorier, un Commissaire et un Secrétaire.

ART. 7. — Le Secrétaire, ainsi nommé, reçoit de l'Etat une indemnité pour tenir toutes les écritures du Syndicat. Cette indemnité est fixée par le Conseil de préfecture sur le rapport du Conseil général.

ART. 8. — Tous les producteurs ou importateurs d'un produit ou d'un travail quelconque, sont obligés de déclarer ce produit ou ce travail au fur et à mesure qu'il émerge sur le sol français et qu'il se trouve ainsi *offert à la vente* ou à l'*emploi*.

ART. 9. — Ces déclarations seront consignées au fur et à mesure de leur arrivée au Bureau ou de leur dépouillement, sur un registre à souches numérotées.

Art. 10. — Il sera loisible à chaque membre d'indiquer sur ce registre le prix qu'il demande de son produit ou de son travail.

Art. 11. — Les communes seront obligées de fournir un local aux Syndicats.

Art. 12. — Les produits non vendus ou le travail non employé seront affichés à la porte des Bureaux syndicaux.

Art. 13. — L'État fera imprimer gratuitement, tous les quinze jours, les listes exactes de ces produits et de ce travail offert; il en sera tiré autant d'exemplaires que les Syndicats en demanderont.

Art. 14. — Les Secrétaires enverront cette liste à tous les journaux utiles ou spéciaux et à toute personne qui en fera la demande accompagnée d'un timbre-poste.

Art. 15. — Ces listes porteront en tête la déclaration suivante :

Le Syndicat ne fait pas le commerce : Il ne donne aux acheteurs aucun renseignement sur les qualités relatives des marchandises ou du travail de tel ou tel individu. Il est institué uniquement pour faire et publier une statistique exacte et permanente de la situation économique de la profession.

Il garantit seulement l'authenticité des produits, leur honnêteté, leur loyauté. Toutes constatations utiles réclamées par les acheteurs ou employeurs seront faites par le commissaire « élu » du Syndicat; tout procès-verbal de départ sera fait et tous cachets de garantie apposés par les soins de ce dernier, si l'acheteur le demande, et moyennant une légère rétribution fixée par le Syndicat et mise à la charge de l'acheteur.

Pour les QUALITÉS des produits, les acheteurs les vérifieront eux-mêmes; ou par les courtiers inscrits, sur les listes de leurs Syndicats respectifs, ou par leurs correspondants commerciaux.

Art. 16. — Les demandes de produits ou de travail adressées au Syndicat seront publiées par le Secrétaire et tenues à la disposition des membres du Syndicat qui y répondront directement s'ils veulent.

Art. 17. — Les Syndicats pourront recevoir et conserver des échantillons cachetés, en plusieurs exemplaires, des produits offerts à la vente, y apposer eux-mêmes leur cachet lorsque la nature du produit le permettra, pour qu'ils soient envoyés aux acheteurs et qu'ils servent de types authentiques pour la livraison.

Art. 18. — Les Syndicats pourront délivrer aux expéditeurs les bulletins détachés des souches des registres qui auront été créés à la naissance du produit expédié. Ils pourront constater le départ réel du produit en question, à l'adresse du destinataire indiqué, et cette déclaration pourra servir à l'expéditeur de pièce authentique pour toucher le prix de son produit, prix qui, selon des conventions librement établies, préalablement entre acheteurs et vendeurs, aura pu être envoyé ou déposé à une banque désignée par les parties pour payer la marchandise dès son départ du lieu d'origine, si la preuve de son authenticité est établie.

ART. 19. — L'établissement ou constitution de ces mesures, constituent le *Garantisme économique* pour tous les Français, c'est-à-dire *la garantie réciproque d'honnêteté.*

Spécialisation légale du mot *Syndicat*.

ART. 20. — La présente loi réserve le mot *Syndicat* pour les seuls groupements obligatoires ci-dessus définis, et qui sont tous des groupements de production.

ART. 21. — Néanmoins, il pourra être établi, dans le sein des Syndicats, d'autres *services* que celui de la statistique ; ces *services annexes* seront constitués par la libre adhésion des membres du Syndicat, sans que la majorité puisse obliger la minorité.

Les institutions annexes des Syndicats ne pourront, ni faire de commerce, ni acheter, ni vendre pour leur compte personnel mais seulement vendre pour compte des producteurs de première main leurs seuls produits ou acheter les objets qu'ils se partageront entr'eux.

Ils auront une très légère patente de statistique et seront contrôlés par les contrôleurs des finances.

ART. 22. — Ces annexes réduiront leurs opérations aux fonctions désignées par leurs titres. Ils prendront les noms spéciaux ci-après définis suivant la catégorie dans laquelle ils rentreront. Ces noms resteront leur *propriété* et nulle Association ou Société quelconques ne pourront prendre ces mêmes désignations, ni de similaires destinées à égarer le public, sous peine d'une forte amende.

> Bureau de Banque annexe du Syndicat de...............................
> Office coopératif de consommation annexe du Syndicat de.........
> *Société des Magasins et des produits*, annexe du Syndicat de.......
> Comptoir annexe pour la vente directe et exclusive des produits
>   des Syndicats de telle profession, dans telle commune...............

Soit encore, pour les vins, par exemple :

> Société de production des Viticulteurs réunis, annexe du ou des
>   Syndicats viticoles de telle ou telle commune.............., etc., etc.

ART. 23. — Les bureaux de banque annexes des Syndicats pourront, sur leur demande, être autorisés à recevoir en consignation et
en garantie, des vins ou autres produits existant en première main
dans les chais ou magasins des syndiqués, sans les déplacer. Ils
pourront ainsi fournir au Crédit foncier ou à la Banque d'État,
pour en obtenir des emprunts à longue échéance, sans frais et à
taux très réduit, toutes garanties suffisantes, sans que les marchandises subissent de dépréciation, par le fait de leur déplacement, attendu que la simple application du cachet du Syndicat
suffira pour garantir le warrant. Toutefois, pour plus de garanties
et pour vêtir les lois existantes, les clefs des magasins devront
rester entre les mains du bureau de banque responsable.

ART. 24. — Dans les cas encore où les bureaux des banques,
FACULTATIVES, des Syndicats vêtiraient les mêmes obligations qui
sont aujourd'hui remplies par la Banque de France, ils pourraient
être autorisés à émettre des billets à vue et au porteur.

Mission supérieure des syndicats : Chambre économique temporaire.

ART. 25. — Chaque Syndicat nommera un nombre de délégués
proportionnel au nombre de ses membres.

La réunion annuelle de ces délégués à Paris, formera UNE CHAMBRE
ÉCONOMIQUE TEMPORAIRE.

Cette Chambre sera la gardienne des *droits acquis* de toutes les
industries ou professions nationales.

Elle sera compétente pour élucider le point délicat consistant à
déterminer le taux et la durée des garanties nécessaires aux industries existantes afin qu'elles ne soient ni sacrifiées brutalement à *un
progrès*, ni protégée injustement dans leur routine au dépens du
public.

Cette *Chambre économique* émettra dans toutes les questions de
douane des avis utiles et absolument compétents; puis, dans les
questions intérieures de luttes entre ouvriers et patrons, travail et
capital, — elle donnera des avis éclairés et rendra au besoin des
jugements.

Plus tard, sans précisément rien changer à « la Constitution »
elle servira d'École préparatoire pour la fonction de sénateur.

Objections et Discussions :

Telle est en substance l'organisation du garantisme économique.

Au cours de discussions diverses à ce sujet la principale objection que j'ai rencontrée, est :

Qu'en vertu de la *Liberté* on ne devait imposer aucune obligation aux citoyens dans l'exercice de leurs droits économiques.

J'ai répondu :

1° Qu'en 1789-93 la loi qui a émancipé le travail humain était, en pratique, suffisante, puisque la vapeur n'était pas née, qu'il n'y avait ni grandes usines, ni chemins de fer, ni mines, etc.; que le sol, ou usine agricole, alors la seule, conservant, malgré son fractionnement, son pouvoir germinatif, il avait été facile au paysan, à l'aide de quelques économies et de beaucoup de crédit, d'acquérir son instrument de travail et de diviser les trois quarts du sol national cultivable en petits lopins dont il est aujourd'hui le propriétaire passionné; mais que, depuis la création de la fortune industrielle les lois de 1789-93 ne suffisaient plus, par la raison qu'on ne peut pas morceler une usine, une mine en autant de portions qu'il y aurait de preneurs, par la raison qu'un mètre carré de mine, pris isolément, ne peut pas donner un kilo de charbon comme un mètre carré de sol cultivable peut donner un chou.

2° D'où la conséquence que pour partager une mine il faut une nouvelle loi qui en rende le partage possible et la propriété accessible à tous les travailleurs de ladite mine;

3° Qu'il faut aussi préalablement que ces travailleurs soient aussi instruits relativement à la mine que le paysan était instruit relativement au sol cultivable;

Que pour cela il fallait élever l'instruction générale de la classe ouvrière;

4° Que, si la République lui avait donné l'instruction individuelle gratuite et obligatoire, elle ne lui avait pas encore donné l'instruction par groupes, c'est-à-dire syndicale;

Que sans avoir acquis cette instruction il était impossible de partager la mine.

5º D'où la conséquence qu'il fallait rendre obligatoire le groupement par professions et l'élection d'un bureau composé d'un président, d'un vice-président, d'un trésorier, d'un commissaire et d'un secrétaire payé par l'État, le tout afin *d'apprendre* le groupe à penser et à agir en syndicat pour les intérêts communs;

6º Que l'obligation imposée, se bornant à établir les listes des produits de la profession, n'était point tyrannique ni attentatoire à la liberté, puisque c'était pour réaliser un grand progrès : des ventes directes, des placements immédiats, la suppression d'intermédiaires coûteux, l'établissement d'un crédit direct à chacun suivant sa valeur, etc.

7º J'ai ajouté que en 1793 certains avaient crié à la tyrannie parce qu'on les obligeait à faire partie d'un municipe, en les créant citoyens français dans l'ordre politique, et qu'aujourd'hui ils seraient bien fâchés de ne pas l'être; et que dans moins de cent ans, dans un demi-siècle, ceux qui trouveraient vexatoire aujourd'hui l'obligation de faire partie d'un *syndicat professionnel*, c'est-à-dire de devenir DES CITOYENS FRANÇAIS DANS L'ORDRE ÉCONOMIQUE, seraient bien malheureux du contraire, c'est à dire, de n'avoir aucune attache économique et de ne pouvoir s'appuyer, se recommander d'aucun de leurs pairs.

J'ai dit :

Par le fait du développement des richesses et de leur circulation sans aucun contrôle de l'État et dans les conditions anarchiques de ce développement, qui ne laissent à l'individu, travailleur isolé, faible et confiant, aucune garantie contre les groupes capitalistes, forts et habiles, il devient nécessaire de compléter l'organisation purement politique de 1793 par l'organisation économique de 1893 et suivantes législatures.......

Tous les prolétaires et petits bourgeois ne peuvent qu'être d'accord sur la nécessité qu'il y a d'organiser la défense commune contre les gros barons de la haute finance, mais là ou commencent les hésitations c'est qu'ils ne comprennent pas qu'on ne peut rien *organiser* sans imposer *aux organisés* des *obligations* quelconques dont l'ensemble forme précisément le *code*, les *statuts* ou *lois* de *l'organisme*.

Je me suis longtemps demandé : comment trouver une obligation qui, tout en étant suffisante pour créer un organisme, fût en même temps la plus légère et la moins gênante possible pour chacun des membres pris individuellement?

Eh bien ! je vous le demande, en quoi l'obligation de déclarer ce qu'on a produit ou ce qu'on veut donner en échange d'argent, fût-ce même l'offre du travail de ses bras, est-elle gênante pour le producteur de première main ou pour le prolétaire travailleur?

(Il serait bien entendu que la majorité, dans le syndicat ne pourra contraindre la minorité à faire partie de créations annexes, telles que Caisse d'assurance, ou Comptoir de banque, etc..., dans lesquelles ne participeraient que ceux qui voudraient).

Loin d'être gênant pour lui, cela devient un très grand avantage puisque le *Journal officiel* doit publier gratuitement toutes les offres des syndiqués.

Cela leur amènera des acheteurs et des employeurs directs pour leur plus grand bénéfice.

CHAPITRE VIII

Conclusions pratiques. — 1° Pour les vins. — 2° pour les douanes. — 3° Pour les ouvriers. — 4° Pour les ouvrières. — 5° Le Syndicalat. — Organisation nouvelle.

Si nous appliquons cette organisation à la question si difficile des boissons hygiéniques, nous voyons que :

1° Un registre à souche sera établi, duquel on pourra extraire des bulletins destinés à accompagner, si le propriétaire le désire, chaque barrique de vin qu'il aura vendue. Ce bulletin portera quatre divisions avec inscriptions complètes pour les quarts de barrique.

Ce bulletin, véritable *acte de naissance* d'un *produit français*, ne sera obligatoire pour personne, mais il pourra servir à la constatation d'origine.

Après l'établissement de ces registres à souche, les viticulteurs pourront, sans courir grand risque, redevenir les partisans, qu'ils étaient autrefois, d'une large liberté commerciale, et exiger en retour un abaissement considérable des droits de douane chez les autres nations.

Nos vins paient en Espagne 114 francs par barrique, à l'Équateur 143, aux États-Unis 150, au Brésil 117, en Grèce 440, au Mexique 100, aux Pays-Bas 95, en Autriche 133, en Allemagne 65, en Angleterre 62, en Belgique 52, au Danemark 63, au Chili 314 50, en Suède 150, en Russie 244 20, en double fût 293 05, à Costa-Rica 87 75, au Guatemala 320, toujours par barrique.

Cependant nous voyons encore une succession non interrompue de gros fûts de vins dits de Séville, pesant 11 degrés moins 1/10 (c'est-à-dire portés à la limite extrême de tolérance de la douane, au dessus de laquelle le degré paie comme alcool), parfaitement droits de goût et marchands, offerts aux marchands de vins, aux prix de 150, 200 et 220 francs le tonneau de 905 litres. Or, à ce degré, on peut encore les additionner d'un quart d'eau et les vendre à 8 degrés moins 1/4 comme vin naturel, à tout venant, aux agents de la Régie eux-mêmes.

Comment est-il possible que les viticulteurs français vendent leurs vins dans des conditions pareilles?... Mieux vaut arracher les vignes que de les cultiver si ce régime ne doit pas changer!

Aujourd'hui la Régie *tolère* et encourage même, tacitement, la fabrication frauduleuse de vins avec de l'eau additionnée d'alcool, *en délivrant des acquits fictifs à tous les fraudeurs* de France et de Navarre, parce que ces fraudes augmentent les perceptions du fisc de 60 centimes par hectolitre, et que les agents supérieurs de la Régie ont intérêt à faire rentrer le plus d'argent possible. Singulière organisation que celle qui donne des primes à la fraude!

Il faut commencer à faire payer aux vins exotiques, le degré comme alcool à partir de 9 degrés juste, sans tolérance (et non pas 11 moins 1/10). C'est ce que nos législateurs n'ont pas su faire.

2° L'application de cette organisation économique et de cette doctrine seule, garantissant les étampes et marques d'origine, peut permettre à tout le monde de se contenter de droits de douane modérés, parce que la qualité des produits français étant supérieure dans presque toutes les industries, nous sommes certains qu'on nous les demandera toujours.

Si nous appliquons cette organisation aux OUVRIERS, nous voyons encore que:

3° Par cette mesure les bureaux de placement deviendront inutiles.

Une fois leurs bureaux constitués, ils n'auront je le répète, qu'un pas (*facultatif*) à faire pour organiser le GARANTISME auquel le travail a droit : soit l'assurance contre le *chômage*, contre les *maladies*, les *caisses de retraites*, les petites *banques d'épargne* et de *prêts mutuels entre ouvriers de même profession*, la construction de maisons (appelées *Sailor's Home*) pour les marins, etc., etc.

4° Conséquence : L'organisation des syndicats d'OUVRIÈRES couturières, modistes, tailleuses, etc., pourra procurer à ces jeunes filles un appui réel dans leur vie et les garantira contre bien des défaillances. Elles pourront se procurer les quelques avances qu'il leur faut pour confectionner un jupon, une robe, un chapeau, etc., et réaliser une partie des bénéfices prélevés par la patronne; de là, augmentation de bien-être et de liberté.

Le Syndicalat.

5° Cette doctrine, consistant à grouper toutes les professions en syndicats obligatoires (*pour la statistique seulement*) peut s'appeler la doctrine du SYNDICALAT, en opposition, théoriquement parlant, à celle qui consiste à grouper tous les capitaux mobiliers en des sociétés dont les titres ont le droit d'être mis *au porteur*, c'est-à-dire ANONYMES, et qui s'appelle la doctrine de l'ANONYMAT.

A l'aide de cette définition, on peut dire, sans être grand prophète, que de deux choses l'une :

Ou bien le SYNDICALAT *tuera* l'ANONYMAT ;

Ou bien l'ANONYMAT DÉVORERA LA FRANCE.

Banques annexes des Syndicats.

Je me résume :

Le prolétariat, pour marcher de l'avant, doit s'unir à la petite et moyenne bourgeoisie afin de nommer des députés et des sénateurs étroitement obligés de présenter de suite une loi établissant les impôts sur les données et principes ci-dessus expliqués.

Alors le travail national, dégagé des prélèvements incessants qui le pressurent et le saisissent sous toutes les formes d'impôts, taxes, taux de prêts usuraires, etc., deviendra rapidement libre et fructueux.

Les banques syndicales facultatives n'auront besoin de l'or d'aucun anonyme pour escompter les valeurs des travailleurs honnêtes et connus pour tels dans leurs syndicats respectifs, parce que le bureau de banque annexée audit syndicat escomptera lui-même lesdites valeurs à l'aide d'un fonds de garantie que certains membres seront parvenus à constituer, en se groupant librement.

4° A l'aide de l'organisation ci-dessus expliquée se trouvera réalisée l'idée de M. *Paul Bernard*, candidat au Vigan, qui demandait la création d'une *Banque centrale de crédit, contrôlée par l'État*.

Le projet de M. P. Bernard, malgré ses bonnes intentions, est aujourd'hui irréalisable en pratique, tandis qu'il marcherait tout seul par les syndicats obligatoires de statistique, s'il leur plaisait d'étendre leurs opérations à l'escompte du papier de leurs co-syndiqués.

En effet : l'OR n'est utile que lorsque la *confiance* manque (et cela parce que c'est un métal qui porte sa valeur en lui-même); mais, lorsque le PAPIER est suffisamment GARANTI et IMPOSE CONFIANCE, il n'y a pas besoin de le faire passer par le dénominateur commun appelé OR. Dans ce cas, ledit PAPIER pourra s'échanger dans la commune contre des bons du syndicat dont le producteur en question fait partie; et ce dernier pourra ainsi se procurer les avances dont il a besoin, sans même qu'il soit besoin d'avoir recours à la Banque d'État.

Puis, en se plaçant à un point de vue plus étendu, ce producteur pourra, à la suite de renseignements sûrs qu'il aura chargé le secrétaire de son syndicat de prendre pour son compte, vendre au dehors tel ou tel produit de son travail et ensuite escompter sa traite sur son nouvel acheteur, lequel ne sera venu à lui que parce qu'il aura vu son nom et son adresse sur la liste-statistique des produits de sa profession.

Certificats d'origine.

Chaque produit, chaque marchandise — même les bras — offerts, auront la grande facilité de fournir, à l'acheteur ou à l'employeur, l'état civil ou certificat d'origine authentique du travail ou produit français, en se faisant délivrer le bulletin détaché de la souche, afférent au produit délivré.

. De cette façon, on mettra à néant les mensongers certificats dits d'origine, délivrés actuellement, sans contrôle aucun, par les mairies, aux exportateurs qui sont obligés de vêtir les obligations imposées aux exportateurs français par les consuls des puissances étrangères.

Les intermédiaires qui détiennent des produits divers en deuxième ou troisième main, formeront également des syndicats, mais pour la défense des intérêts généraux de leurs professions seulement, de leurs locaux, etc., mais la liste de leurs marchandises ne sera point publiée, comme celle des producteurs ou importateurs de première main.

Les commerçants honnêtes, qui ne veulent rien frauder, seront . très heureux qu'un bulletin d'origine leur garantisse l'authenticité des marchandises qu'ils achètent, car ils pourront eux-mêmes le transmettre à leur clientèle.

Ceux qui transforment une marchandise en une autre par une manipulation nécessaire, mais qui cependant ont intérêt à prouver au besoin l'authenticité de leur matière première, comme par exemple la transformation des peaux en cuir, ou celle des *vins en fûts* en *vins en bouteilles*, seront également très heureux de pouvoir joindre au besoin à leur marque de fabrication, élevage ou manipulation nécessaire, les bulletins d'origine du premier produit (ou matière première) par eux employé.

Pour les marques des bouchons notamment, tout se passera comme ci-devant : mais lorsque des clients ne se contenteront pas de la qualité du produit, revêtu de la marque de la maison, le commerçant pourra toujours y adjoindre le bulletin d'origine, qu'il aura retiré de son vendeur, pour des quantités de *55 litres* minimum ; et ce sera un avantage nouveau pour les négociants.

Il sera également de toute justice que ces producteurs aient le droit, pour leurs marchandises transformées, à la création de nouveaux bulletins d'origine et à la publicité gratuite du bulletin officiel de leur syndicat, puisqu'ils auront créé un produit nouveau.

Limitation du privilège de la Banque en France.

Dans le cas où ces doctrines seraient comprises par nes gouvernants, il serait nécessaire qu'au moment où le renouvellement du PRIVILÈGE DE LA BANQUE DE FRANCE viendra en discussion, une réserve soit faite en faveur des Banques des Syndicats obligatoires, afin que celles-ci puissent émettre des billets à vue et au porteur, mais *sans cours forcé, bien entendu.*

Acquisition par tous les Travailleurs de leurs instruments de travail.

Le jour où le Prolétariat voudra s'affranchir en devenant assidu et correct en affaires, il n'a qu'à suivre le chemin que je viens de lui tracer et, sans menaces, sans secousses, sans violences, il arrivera sûrement à affranchir le *travail d'aujourd'hui* des *abus* que le travail économisé, accumulé, capitalisé de la veille, exerce sur lui. De ce jour-là, il sera apte à posséder ses outils de travail et il les possédera en les achetant et en les payant comme le paysan français a acheté et payé peu à peu l'usine agricole, la grande propriété morcelée aujourd'hui par lui.

Cela ne veut pas dire qu'on n'aura plus besoin du capital pour faire de grandes entreprises, comme le canal des Deux-Mers, par exemple; mais traitant avec des actionnaires nominatifs, et sans laisser à la spéculation anonyme la possibilité de *majorer* l'affaire de 25 ou 50 pour 100, sous le prétexte *de la lancer*, LE TRAVAIL, par l'organe de ses syndicats, s'entendant à merveille avec le porte-feuille du petit rentier (dans lequels souvent les gros anonymes vont chercher le capital), pourra faire l'entreprise lui-même.

Naissance du travailleur collectif.

Que le Prolétariat le veuille ! et demain, le travailleur collectif naîtra tout armé de l'union des prolétaires avec la petite et moyenne bourgeoisie.

J'adresse un dernier mot à cette petite et moyenne bourgeoisie qui forme une grosse majorité dans les électeurs. Le jour où leurs syndicats seront sérieusement constitués, qu'ils auront le *journal officiel* pour faire connaître au grand public une liste exacte des produits qu'ils ont à vendre, statistique toujours à jour des produits de leur sol ou de leurs mains, ils verront les acheteurs de ces produits affluer chez eux, leur écrire directement pour avoir des échantillons, car le commerce a soif de vérités et de garanties.

Échanges directs entre Producteurs.

Alors il leur sera possible d'expédier directement leurs produits et d'en recevoir le prix chez eux par l'organe de leur syndicat; s'entendant pour ce mouvement de fonds avec le banquier de l'acheteur, voire même avec le syndicat dont ce dernier fait partie comme producteur.

Je sais bien que tout cela pourrait en principe se faire sans lois nouvelles; mais il faut dire qu'en réalité les syndicats ne se forment en France que très lentement, et que la plupart de ceux qui existent ne sont formés qu'en vue de grèves, de luttes à soutenir et non pour créer une organisation meilleure de nos forces économiques; et qu'enfin notre vie s'écoulera avant que toutes les professions soient syndiquées.

Il est donc nécessaire, vu le grand progrès à réaliser, pour le bien du plus grand nombre, que la loi crée les *syndicats obligatoires de statistique* et leur confie une mission permanente d'économie politique et sociale bien définie.

CHAPITRE IX

Fonctionnement de l'Organisation nouvelle.
Assurance contre l'Anarchie.

Ce programme répond si bien aux besoins actuels que je puis résoudre avec sa formule toutes les difficultés économiques qui nous étreignent.

Voilà le *Petit Journal,* par exemple, qui préconise la *fulgurite* et son monopole par les souverains pour empêcher les anarchistes de faire œuvre de régicide, de tyrannicide ou de souverainicide ; et, trois jours après cette campagne, voici que le chef du laboratoire municipal de Paris déclare que les anarchistes ont fait des progrès, et il se trouve que Vaillant, l'auteur du criminel attentat contre nos députés, a fabriqué lui-même son explosif, une poudre verte, etc., etc.

Ce n'est donc pas dans le monopole de la *fulgurite* qu'il faudra trouver le remède aux attentats dirigés contre la vie *des souverains* ou de toute autre personne.

Lorsque l'*anarchie* des journaux qui font, par leurs récits colorés et leurs gravures suggestives, la propagande immorale de tous les crimes, de tous les assassinats, criée dans la rue, affichée à toutes les vitrines des kiosques et des bureaux de tabac, aura été *arrêtée* par les réclamations irrésistibles des syndicats des travailleurs honnêtes........ Lorsqu'une Presse sans freins ni lois ne vivra plus de toutes ces immoralités......., lorsqu'il ne se commettera plus de crimes sociaux, par les abus de la spéculation maîtresse du marché, et des journaux — crimes qui démoralisent les masses, qui réduisent à la misère et acculent au suicide les gens ruinés par l'*anarchie* financière des spéculateurs à tous crins......., alors il est probable que le crime de *souverainicide* ne se commettra plus comme il s'est produit dans tous les temps et dans tous les lieux où il y a eu des souverains et des journalistes libertaires ; mais l'invention ou le monopole de la fulgurite n'y feront rien.

C'est dans une organisation économique du travail et du capital, réduisant de plus en plus le rôle du *souverain* à celui d'un simple surveillant général pour le bon et régulier fonctionnement de cette organisation, qu'il faut chercher la guérison de notre gangrène sociale.

Garantie pour la pureté du lait.

Puisque j'ai parlé du *Petit Journal*, je continue, trouvant dans les critiques qu'il formule l'occasion d'appliquer victorieusement ma doctrine.

Ainsi pour le lait, le *Petit Journal*, dans un récent article, très bien fait, dit que la population de Paris est empoisonnée par le lait.

Je suis bien de son avis et je dis que si tous les producteurs en première main de lait, d'une région ou d'une commune, étaient *syndiqués pour la statistique* journalière de leur produit, il leur serait très facile d'empêcher la fraude de leur lait, qui n'est point fraudé par eux, mais bien par des intermédiaires.

Ils n'auraient qu'à s'entendre avec le syndicat d'une profession quelconque d'ouvriers parisiens, par exemple, pour se constituer (ce dont ils seraient très heureux) une *clientèle directe*, qui leur garantirait l'écoulement de leurs produits, comme ces producteurs de lait *garantiraient audit groupe* syndiqué *la pureté du lait*. Le syndicat des acheteurs ferait distribuer le lait à ses membres par un simple employé.

Le commissaire du syndicat des acheteurs vérifierait d'une manière permanente ou fréquente la pureté du lait au départ de la ferme avec le concours du commissaire du syndicat des producteurs de ce lait ; et, de ce double contrôle, il ne pourrait résulter qu'une *garantie* absolue.

La même organisation pourrait en même temps s'étendre à la pureté des beurres.

C'est l'organisation de cette *garantie mutuelle* et *réciproque* qui constitue toute ma doctrine économique.

C'est pour cela que je me dis *Mutuelliste*-garantiste-réciprocitaire.

De même, pour en revenir au *Petit Journal*, lorsqu'il a entrepris sa campagne pour « Vendre le cidre », il n'a réussi, dans une certaine mesure, que parce qu'il a trouvé certains maires complaisants, dévoués, ayant des loisirs et heureux de les employer au service de tous, pour vouloir bien servir d'intermédiaires gratuits entre acheteurs et vendeurs. Mais combien aurait été plus grande la réussite, si le *Petit Journal* s'était trouvé en face d'une organisation économique toute faite, pouvant garantir à l'acheteur l'authenticité du cidre sans eau et au vendeur le paiement de la barrique achetée !

Combien aurait été plus grand le nombre des fûts vides envoyés aux paysans, si on n'avait pas dû les envoyer, comme on les a, de fait, envoyés, à l'aventure. En réalité ce sont principalement des marchands de cidre qui ont acheté les fortes quantités, parce qu'ils se sont organisés pour faire surveiller, diriger, soigner leurs futailles. C'est ce qui résulte du dernier compte rendu du *Petit Journal*; mais le consommateur isolé en a fort peu profité, et il continuera à boire du cidre fraudé.

Ceci est un nouvel argument en faveur de l'organisation économique que je préconise, puisque actuellement la France est sans aucune organisation répondant à ces besoins.

Garanties pour l'Hygiène publique.

Toutes les GARANTIES relatives à l'hygiène, qu'elles aient pour objet les denrées de consommation ou bien les conditions de l'habitation et de la vie, doivent s'organiser suivant les mêmes principes; c'est-à-dire dériver des syndicats de statistique obligatoires, contrairement à ce qui se fait actuellement où personne n'est responsable des crimes d'hygiène.

En effet, s'il s'agit d'objets de consommation, il deviendra très facile de créer une ou plusieurs sociétés coopératives de consommation par le concours des syndicats des producteurs; par le seul fait que les intéressés sont déjà groupés, qu'il se connaissent, qu'ils ont un local de réunion, etc..., enfin que la vie sociale et collective est née pour eux.

Ces sociétés, achetant les denrées en gros, au profit de tous, pourront alors en contrôler l'origine et la qualité, puis assureront une clientèle aux producteurs honnêtes des autres régions ou professions.

Il y aura profit des deux côtés.

Si, au contraire il s'agit de conditions d'habitation, de transports, de vie en général, dans lesquelles sont enserrés tous les ouvriers d'une profession, le ou les commissaires des syndicats agiront en conséquence.

CHAPITRE X

Nécessité de l'Organisation nouvelle.

Il faudra bien en arriver à une organisation complète des garanties nécessaires à la population en France, puisque les quelques lambeaux de garanties reçus autrefois du pouvoir royal, ou celles qui ont été platoniquement introduites dans nos codes, sont tombés en décadence sous l'action dissolvante des financiers anonymes ou des maquignons à grande et petite envergure.

Relâchement du lien national.

Aujourd'hui l'État ne protège plus personne, ni les ouvriers, ni les maîtres, ni le travail, ni le commerce national, ni l'industrie, ni l'agriculture, ni même le territoire national, attendu que les capitalistes ou financiers anarchistes étrangers en ont, en fait, acquis les plus beaux lopins. Et réciproquement, une masse de producteurs éperdus, se voyant abandonnés à leurs propres forces, commencent à dire qu'ils ne tiennent plus à leur nationalité. Que leur importera désormais une France à laquelle ils ne devront rien?... Une France qui les aura laissés succomber à la concurrence des contrefacteurs étrangers ou à la spéculation souveraine des anonymes cosmopolites?...

Solidarité dans d'autres Nations.

Bien que cette lèpre ait son action sur toute l'Europe, nous voyons cependant les pays voisins mieux avisés que nous faire des efforts pour s'en défendre et y arriver dans la mesure de leur *unité de conscience* et de leur solidarité organique.

En Angleterre :

1ᵉʳ Exemple. — Pour prendre un premier exemple tout récent, nous venons de voir en Angleterre la chute honteuse de l'entreprise *Venice limited*, qui avait réussi à faire croire au patronage de M. Lockroy et de M. Jules Simon. Dès que ces deux célébrités ont eu connaissance de la loi *garantiste* dite LOI VICTORIA de 1890, article 64, qui « déclare que non seulement le lanceur d'une affaire » mais que toutes personnes dont les noms figurent sur les pros- » pectus d'émission peuvent être rendus responsables et condamnés » à rembourser toutes pertes ou dommages subis par les souscrip- » teurs », ils se sont agités sérieusement et ont forcé M. Kiralfy à rendre l'argent.

Syndicats et solidarité.

En Russie :

2ᵉ Exemple. — Nous voyons bien mieux ; en Russie où les sociétés appelées ARTÈLES sont de véritables syndicats garantistes, à peu près tels que je les préconise.

Le numéro du *Petit Journal* du 4 novembre leur consacre un article où il rappelle le livre *Souvenirs et Visions* de M. de Vogüé. J'y renvoie mes lecteurs. Ils verront que ces grandes associations de plusieurs corps de métiers non seulement produisent, font des travaux importants, mais également achètent en commun et se distribuent les denrées nécessaires à leur consommation.

Défense des paysans par le Tzar.

3ᵉ Exemple. — Sous une autre forme, le Tsar qui est pape et roi, traitant comme étant l'expression vivante du garantisme réciproque entre tous ses enfants, n'hésite pas (suivant les cas) à débarrasser des provinces entières de populations parasites qui s'y sont accu-mulées, vivant sans rien produire et uniquement occupées à faire enivrer les paysans et à les rançonner par l'usure.

Les russes protégés dans leurs terres
et dans leur nourriture.

4ᵉ Exemple. — Des ukases viennent encore défendre aux prêteurs d'acheter les propriétés saisies par eux et ne permettent qu'aux vrais nationaux et enfants du pays d'en devenir acheteurs aux enchères.

Garantisme russe.

Unité de conscience russe.

Enfin, dans ce pays qui a peut-être bien plus à nous apprendre que nous à lui enseigner, où la loi divine et la loi humaine se confondent en une seule loi respectée et obéie par tous ; puisant dans cette unité de conscience un aperçu net, une idée lucide et claire de LA JUSTICE *en Russie* et de SA SANCTION, nous avons vu, il y a deux ans à peine, une spéculation terrible, effrénée, qui avait été conçue et préparée par les agioteurs allemands, en vue d'accaparer le seigle et de doubler leurs capitaux, arrêtée net dès son début par un simple ukase défendant l'exportation de cette denrée.

Impôt progressif en Russie.

Tant que je suis à *la Russie*, qu'il me soit permis de rappeler à l'appui de ma théorie de l'impôt progressif qu'une flotte de guerre a été offerte au pays par *les plus riches* et qu'elle a été payée en réalité, et avec enthousiasme, par une forme de l'*impôt progressif*.

Pourrait-il en être de même dans notre France avec les barons de la Haute Finance ?

Saurons-nous nous mettre à la hauteur de la Russie ?

CHAPITRE XI

CONCLUSION

Je dis qu'en République une action aussi immédiate n'est possible qu'à l'aide d'une *organisation de statistique permanente*, toujours à jour et faite par les intéressés eux-mêmes.

Notez que cette organisation n'exige l'immobilisation d'aucuns capitaux et qu'il suffit du concours de l'État pour payer le secrétaire du syndicat et les impressions des listes de statistique, puis de la bonne volonté des membres du bureau élu par les syndicataires.

Qu'est-il besoin de faire comprendre maintenant :

1º Que, par l'organisation pratique et très facile de ces *garanties*, réciproquement offertes et reçues,

Par l'intermédiaire officiel des syndicats,

Entre acheteurs et vendeurs,

Entre employeurs et employés,

J'aurai créé une mutualité volontaire acceptée et recherchée librement pour la constitution de clientèles durables et sur lesquelles chacun pourra compter pour le débouché de ses produits ;

2º Que cette mutualité volontaire et pratique met à néant tous les rêves de collectivisme autoritaire récemment formulés.

Critique du discours de M. Jaurès.

A ce propos, je terminerai cette étude par la *critique*, faite au point de vue de ma doctrine, *du discours* de M. Jaurès, prononcé à la séance d'ouverture de la Chambre des Députés, et en entier reproduit dans le numéro du 3 décembre 1893 de la *Question sociale*, et par la critique de l'article de Francis Red sur le fonctionnement du collectivisme, paru dans le numéro du 10 décembre suivant du même journal.

Je ne veux retenir du discours de M. Jaurès que la citation suivante :

« *Le régime actuel*, par la lente expropriation de ceux qui n'ont
» pas les grands capitaux, *prépare cette* CONCENTRATION SOUVERAINE
» *du capital*, que NOUS VOULONS RÉALISER, NOUS, pour restituer à
» tous les travailleurs, dans la PROPRIÉTÉ NATIONALE, LEUR PART
» des instruments de travail. »

Dans cette partie de son discours, M. Jaurès avoue donc, comme conclusion, VOULOIR RÉALISER LA CONCENTRATION DU CAPITAL en une propriété nationale.

Son but est de restituer à tous les travailleurs leur part, qui leur aurait été volée par le régime précédent, etc.

Son moyen est le suivant : Il veut que cette CONCENTRATION soit SOUVERAINE.

Ici, le mot *souveraine* appliqué à *concentration* ou bien n'a pas de sens et ne veut rien dire, ou bien signifie que cette *concentration* sera complète, obligatoire et s'étendra au capital de la nation tout entière (et, si l'on veut argutier sur les mots, s'étendra tout au moins au capital réprésentant tous les *instruments de travail*, ce qui revient au même et au fond ne saurait rien excepter; car tout *capital* est *instrument de travail*).

Absolutisme socialiste.

Eh bien! je dis que, d'après cette déclaration, M. Jaurès conclut absolument comme un élève de *l'école autoritaire*, qui marche à la conquête des pouvoirs publics pour en user autoritairement ou *souverainement* (c'est synonyme), selon ce qu'il pense devoir être la meilleure organisation sociale, pour le bien de TOUS. Soit, je copie : « *pour restituer, à tous les travailleurs, leur part des* » *instruments de travail.* »

Je réponds : Ses patriotiques aspirations ne peuvent qu'être partagées par tous ceux qui souffrent de lois permettant la répartition injuste des richesses, mais je ne saurais admettre le collectivisme. Je reconnais, dans un autre ordre d'idées, qu'en guindant en haut de l'échelle le populeux Prolétariat, on braquerait plus facilement l'impôt sur les classes moins populeuses, que le fisc épargne aujourd'hui, et que, de ce chef, on pourrait peut-être réaliser un certain progrès dans la distribution de la justice sociale; mais je dis, qu'en fait, on n'aurait changé aucun principe de gouvernement et qu'on continuerait à faire de l'autoritarisme et du favoritisme, tout comme ci-devant.

Ce qui le prouve, c'est l'étude des œuvres de BENOIT MALON. Ce penseur, excellent comme « *critique* », mais nul comme *organisateur à nouveau*, veut une Loi rendant obligatoire, en faveur du travailleur, comme seconde partie intégrante du prix du travail humain, UN SURPLUS représentant sa participation forcée dans les bénéfices de toute entreprise ; et il réclame, comme arrérage de ce surplus du prix non payé, la remise à l'Etat, sans indemnité aucune, de toutes les mines, usines, chemins de fer en exploitation, etc., etc.

Je demande aux socialistes se réclamant de la doctrine de Benoit Malon de formuler cette loi, comme je viens de formuler le *garantisme* par ma loi sur les *Syndicats de statistique*, et de ne pas oublier de dire si la participation aux pertes sera également obligatoire pour le travailleur.....?

Il est très facile, en effet, de venir aujourd'hui réclamer *ce surplus de prix* pour les grandes entreprises privées ou publiques qui ont réussi, et dont l'organisme fonctionne à merveille et, pour ainsi dire, tout seul ; mais celles qui ont sombré et ruiné leurs actionnaires, qui les remboursera?

Et qui entreprendra de nouveaux travaux dans l'avenir, si on a à craindre l'absorption de son capital par l'État (sitôt qu'on aura réussi à organiser, fabriquer, créer une entreprise prospère), ou même si on n'a plus à espérer la réalisation de bénéfices honnêtes, avouables, légitimes, garantis par de justes lois?

A quoi bon économiser le travail de la veille, ses provisions de bouche, dans le but de les consacrer plus tard à des travaux de longue haleine? Mieux vaudra *consomoner avec prodigalité*, puisqu'il vous sera interdit de posséder ou de vous servir industriellement d'un « capital accumulé » ; et l'État lui-même ne trouvera plus d'entrepreneurs pour aucuns travaux.

Alors vous ferez faire *en régie, par l'État*, les travaux jugés d'utilité publique, répondez-vous?

C'est, en effet, ce que vous serez forcé de faire (si toutefois vous avez l'argent pour payer la nourriture des travailleurs) ; mais vous avouez, dans tous les cas, que nous deviendrons *tous des assujettis* de vos *Régies* : — des SALARIÉS. C'est ce que je voulais prouver.

Et vous, la nouvelle couche des promoteurs de cette révolution, qui tiendrez dans vos mains les fameux pouvoirs publics, après lesquels vous aspirez, vous distribuerez les fonctions et les faveurs dans cette immense usine.

Ce sera donc toujours, comme par le passé, tourner dans le même cercle vicieux.

Identité des gouvernements tirés de l'idée d'autorité

Il importe peu, en effet, que l'*autoritarisme* et les *faveurs gouver- nementales* soient tirées d'empire, de monarchie, de république, de socialisme ou de prolétarisme soi-disant collectiviste, du moment qu'il aboutit à la dépossession des uns aux dépens des autres et à un fonctionnarisme universel.

Je dis qu'on n'aura pas changé de système, et contrairement à tous les chefs d'école, *je dis que c'est le système qu'il faudrait changer.*

Car autrement, l'État, surchargé de tous les malheureux dont il aurait détruit ou confisqué la fortune, encombré de tout le travail autrefois abandonné aux entrepreneurs libres, recueillant moins de forces qu'il n'en détruit, aboutirait au déficit, à la famine, à une révolution générale, à une restauration monarchique, et tout serait à recommencer.

Soupape de sûreté hébraïque.

C'était précisément pour éviter ce changement périodique du POUVOIR que le grand législateur Moïse avait institué dans sa LOI la remise des dettes tous les cinquante ans.

Il avait en effet compris que l'*autoritarisme*, entraînant avec lui son cortège de prêts usuraires et de spéculations libertaires et, alors, judaïques, *drainait* forcément, en un temps donné, tout le capital d'une nation entre les mains d'un groupe oligarchique, devenu souverain économique en face du souverain politique.

Travailleur syndical collectif.

Or, ce danger ne sera plus à craindre si on adopte ma doctrine, et ce n'est que comme cela qu'on arrivera graduellement, mais très vite néanmoins, à la *genèse du travailleur collectif.*

En effet : qu'une loi rende obligatoires les syndicats de statistique pour toutes les professions ;

Harmonie par les Syndicats. — Garantisme.

Du coup, tous les travailleurs, chacun dans sa profession, légalement groupés, pour causer et s'entendre sur leurs intérêts communs, apprendront à les défendre contre les exploiteurs anarchistes ou contre les autres fatalités de l'existence.

Ils apprendront à faire des assurances mutuelles contre le chômage aussi bien que contre l'incendie ou tout autre fléau, à faire des caisses de retraites, etc., etc.

En élisant eux-mêmes leurs président, vice-président, trésorier, commissaire et secrétaire, ils échapperont à l'autoritarisme de l'État ou pouvoir central.

Instruction syndicale. Banque syndicale facultative.

Qu'il me soit permis de me répéter :

Lorsque les travailleurs ainsi constitués en groupes économiques auront appris, pour ainsi dire, à lire, écrire et compter en groupe syndical, après que l'État leur aura ainsi donné l'*instruction syndicale* comme il leur donne l'instruction individuelle laïque et obligatoire, alors, et ce sera très rapide, ils pourront aborder la création de bauques syndicales, connue de toute autre organisation collective élaborée dans le sein des syndicats. par les membres qui voudront en faire partie.

Alors, une loi modifiant le privilège de la Banque de France pourra utilement être présentée à la Chambre, cas que j'ai prévu plus haut.

Par cette organisation rationnelle, volontaire, et ne coûtant rien, le *travailleur syndiqué nominatif* sera garanti contre le *monopolisateur, fraudeur, spéculateur anonyme* anarchique, et il arrivera à constituer, par *l'union libre des syndicats* où d'un grand nombre de leurs membres le *travailleur collectif.*

Cette Union *pourra n'être*, suivant les cas, *que seulement temporaire* et consentie pour des ouvrages déterminés, des récoltes, des produits manipulés ou simplement vendus en commun ; pour des chemins de fer, des mines, des usines, des tramways, etc., etc., entrepris en collectivité (par tous les corps de métiers compétents ou travailleurs syndiqués) ; mais elle n'en constituera pas moins le meilleur, le plus juste, le moins tyrannique et le plus pratique des *collectivismes.*

Chaque travailleur pourra recevoir, en sus de son salaire journalier, une part en actions nominatives sur les bénéfices de l'entreprise ; — tout dépendra des conditions.

Ainsi surgira, du milieu économique préparé par les syndicats, *le Travailleur collectif, robuste et armé*, qui garantira à chacun de ses membres : le prix intégral de son travail ainsi que sa part dans les instruments de travail ; et le rêve du citoyen JAURÈS sera réalisé.

CHAPITRE XII

Salariat général de Francis Red.

Quant au rêve du citoyen FRANCIS RED sur le fonctionnement du collectivisme d'État, exposé dans son article du 10 décembre paru dans le journal *la Question sociale*. Comme c'est la première fois que les collectivistes font paraître un plan d'organisation économique, je veux en retenir la conclusion que je copie textuellement:

(Ouvriers et Directeur.)
(Liberté de donner et de tester.)

« *La part de chacun, le salaire de l'ouvrier et le traitement du* » *directeur*, APPARTIENDRA EN PROPRE A CELUI QUI L'AURA REÇU.

» Il en usera comme bon lui semblera ET SERA LIBRE DE LE » TRANSMETTRE A AUTRUI SOIT PAR DONATION SOIT PAR » TESTAMENT. »

Eh bien, démocrates-socialistes, que dites-vous de cette conclusion? Faire de son capital ce que bon lui semble ?...

Libre, absolument libre de TESTER pour qui *bon lui semblera* ! cet excellent directeur de tout travail humain ?...

Voilà la propriété individuelle reconstituée !

Aujourd'hui cette *liberté absolue* est gênée par 14 pour 100 de droits dans certains cas de jouissance et de nue propriété combinées; et toujours par 11 1/4 pour 100 entre étrangers'; mais sous le régime collectiviste on sera libre, absolument libre de *donner* et de *tester* ?

Puis, vous ne dites rien de l'anonymat ?...

Rien de changé que les hommes.

Mais alors, qui empêchera la grande propriété anonyme de se reconstituer ? Rien, absolument aucune organisation nouvelle. Vous n'aurez dépossédé les rentiers et propriétaires actuels que pour distribuer, partager leurs richesses *bien* ou *mal acquises* entre tous les prolétaires, sous la rubrique de *Restitution d'instruments de travail*. Vous aurez pratiqué, sur une vaste échelle, la formule : **« Ote-toi de là que je m'y mette »**, mais, en faisant faire tous les travaux, — absolument tous, — *en Régie par l'État*, — (c'est le résumé de votre doctrine), — vous n'aurez introduit aucun principe nouveau dans la production et la distribution des richesses ni aucune organisation nouvelle dans les fonctions économiques ni sociales du pays.

Vous aurez fait de nous tous DES SALARIÉS. Or, apprenez que le but du progrès humain est de supprimer le SALARIAT pour le remplacer par le FRANC-ALLEU (ou travail libre et organisé).

Avec votre salariat universel, les inégalités se produiront, dès le lendemain, entre la fortune des plus économes, des plus intelligents, des plus travailleurs, des plus coquins ou des mieux groupés, et celle des pauvres d'esprit, des paresseux, des mal doués, des mal chanceux; et vous arriverez où vous en êtes maintenant : à préconiser l'application de la *Loi* de Moïse, soit la remise des dettes tous les cinquante ans, le partage des biens, ou leur *concentration souveraine* (pour les restituer à la communauté, bien entendu comme instruments de travail), etc., etc.

Eh bien, je dis que, pour en revenir là, *« ce n'est pas la peine, assurément, de changer de gouvernement. »*

La doctrine exposée dans *Collectivisme et Révolution* du citoyen JULES GUESDE diffère essentiellement de celle de M. F. Red, en ce sens que J. Guesde veut associer tout le monde dans le *communisme* le plus absolu, sous le nom fallacieux de *collectivisme* :

Ainsi il dit, page 31 : « Chacun sera le propriétaire indivis de tous les » capitaux. »

Et, page 29 : « Chacun aura son bien-être assuré sous la seule condi-» tion, égale pour tous, du travail, etc. »

Et la preuve que j'ai parfaitement compris, c'est que dans l'opuscule *Programme du parti ouvrier*, Jules Guesde et Paul Lafargue avouent, page 28, que « *collectivisme* » est absolument *synonyme* « de commu-» *nisme* ».

Puis encore à la page 25 (afin de n'avoir pas contre eux la masse des petits *propriétaires libres* du sol français qui refuseraient de devenir des *salariés* ou de redevenir les serfs de la glèbe qu'étaient autrefois leurs pères), ces citoyens, propagateurs d'un socialisme communiste, disent textuel-

lement : « qu'au lendemain de leur révolution ils n'exproprieront que
» *les possesseurs des moyens de production d'un usage collectif .....* »
(c'est-à-dire, ceux où le SALARIAT HIÉRARCHIQUE est déjà tout organisé !)
« tels que : grands propriétaires fonciers, maîtres d'usines, de hauts
» fourneaux, actionnaires et obligataires de chemins de fer, de mines,
» de paquebots, etc., etc...; tous les possesseurs de titres de rente,
» CETTE LISTE CIVILE DE LA BOURGEOISIE,... »'(Texte copié sur les pages 39,
40, 41, 42 du même ouvrage approuvé par les Congrès de Marseille, de
Paris, du Havre, de Roubaix, de Reims, de Roanne, et formant l'Évangile
des socialistes militants actuels.)

Ils ajoutent à la note de la page 25 que : « Aucun gouvernement
» révolutionnaire ne pourra ni ne voudra exproprier le paysan cultiva-
» teur de son petit champ, le graveur de ses burins, l'ébéniste de ses
» rabots et de ses maillets; etc. » « ..... Jusqu'à ce qu'il parvienne
» à les convaincre, par l'exemple, de la supériorité de la production
» collective sur la production individuelle. »

C'est à merveille pour ces derniers ; grand merci de la faveur que vous
leur accordez; mais pour tous les autres, c'est l'anéantissement de
l'individualité humaine, son absorption par la communauté.

Dans ce nouvel organisme, TOUT LE MONDE EST SALARIÉ et
ASSOCIÉ en même temps, sous la direction et l'omnipotence d'un
VASTE FONCTIONNARISME.

L'UNIVERS (*ils sont internationaux*) devient un immense PHALANSTÈRE,
une *communauté non religieuse*, mais *obligatoire* absolument pour TOUS,
car personne ne pourra plus sortir de l'ATELIER COLLECTIVISTE puisqu'il
n'y en aura qu'UN et que la boule terrestre est RONDE.

L'organisation mutuelle réciprocitaire que je préconise s'organisera
toute seule, peu à peu et librement, sitôt que les professionnels divers
auront été groupés par la loi.

Elle respecte la *personnalité* humaine et l'aide dans son développement, tandis que le collectivisme l'anéantit.

Elle devient une école permanente de *respect mutuel*. Son fonctionnement produit la *justice*, l'*estime*, l'*amitié* et enfin le *dévouement*.

Elle DIMINUE le nombre des *salariés* et des *fonctionnaires*, contrairement au communisme.

Elle ne crée que des *organismes* et non des *fonctions*, à tel point qu'elle
n'institue qu'un seul *demi-fonctionnaire* nouveau : *le Secrétaire de chaque
Syndicat*; et encore, ce dernier échappe à l'autocratie gouvernementale
du souverain, puisqu'il n'est que *payé* par l'État et que sa nomination
ne dépend absolument que du vote de ses pairs.

Il ne faut donc pas m'accuser d'augmenter le *fonctionnarisme* ni l'*autoritarisme* lorsque ce sont tous les autres chefs d'École qui le font.

L'École collectiviste n'a point *une nouveauté*. Ce système a séduit les plus beaux génies et des réformateurs des plus illustres : Minos, Lycurgue, Pythagore, Platon, les chrétiens du premier siècle et leurs fondateurs d'ordres; plus tard, Campanella, Morus, Babeuf, Robert Owen, les Moraves, etc.

Pour faire tomber leurs conceptions sociales, je me bornerai à constater qu'elles *n'organisent pas de garanties pour les libertés individuelles* ou le FRANC-ALLEU.

Elles constituent, au contraire, la PIRE DES TYRANNIES :

Lorsqu'en effet, ce n'est pas par AMOUR et par un *dévouement volontaire*, qu'on fait *abandon de sa personnalité* pour *s'absorber, se confondre, s'anéantir, donner sa vie et son germe,* dans une CONCEPTION NOUVELLE, c'est un *assassinat* que de vouloir vous y faire entrer de force.

C'est la plus grande violation du *respect* dû à son semblable et de la *justice* qui en découle.

C'est la négation la plus éhontée de cette fameuse formule que nos constitutions de l'an II et de l'an III placèrent dans la « *Déclaration des droits de l'homme et du citoyen* » :

« NE FAITES PAS AUX AUTRES CE QUE VOUS NE VOUDRIEZ PAS QU'ON VOUS FIT. »

« FAITES CONSTAMMENT AUX AUTRES LE BIEN QUE VOUS VOUDRIEZ EN RECEVOIR. »

Au lieu d'aider au développement de *l'idée de la Révolution française* tendant à faire accepter comme PRÉCEPTE cette belle maxime que les théologiens moralistes n'avaient, jusqu'à cette époque, donnée que comme *conseil*, les COLLECTIVISTES-COMMUNISTES-AUTOCRATES la suppriment avec la *Liberté* et la *Responsabilité* humaine, du même coup.

Leur prétendu remède serait pire que le mal d'anarchie qui nous ronge, nous étreint et nous tue.

Idéal supérieur par l'organisation de la *Mutualité*.

Heureusement qu'un idéal supérieur a lui sur l'Humanité ! !

Et que l'organisation rationnelle d'une puissante MUTUALITÉ par laquelle tous les travailleurs se GARANTIRONT RÉCIPROQUEMENT LA

PRÉFÉRENCE ou CLIENTÈLE pour le placement de leur travail ou de leurs produits, viendra se substituer à des doctrines mal définies, quoique très fortes au point de vue de la critique, mais absolument insuffisantes au point de vue d'une organisation nouvelle.

Cette évolution se fera par le moyen d'une statistique honnête, exacte, toujours à jour, faite par les syndicats professionnels eux-mêmes, dès que la loi rendra leur organisation obligatoire.

LE FABRICANT.

Bordeaux.

Toutes communications peuvent m'être adressées, 16, rue Cabirol, Bordeaux.

28 décembre 1893.

APERÇU

SUR

Ce que devrait être le Budget des recettes de la France

POUR L'AN 1900.

IMPOT DIRECT PROGRESSIF. — (Il donnera un milliard).................... 500 millions.

ENREGISTREMENT. — (Droit de mutation de 1 p. 100 sur toutes valeurs)... 500 »

TIMBRE. — Organisation modifiée en vue des services de statistique et de garantisme. — Effets de commerce, etc. (évaluation réduite des 3/4 sur ce qu'il donne aujourd'hui).................... 100 »

DOUANES. — Droits d'entrée garantistes pour toutes les productions de France et, en même temps, calculés de façon à faire porter sur les étrangers une partie de nos charges, sans atteindre la limite extrême du taux au dessus duquel les Recettes totales diminueraient......... 800 »

POSTES ET TÉLÉGRAPHES. — Services spéciaux devant employer en améliorations leurs excédents de recette.................... 200 »

IMPÔT SUR LES SUCRES. — Matière en partie de luxe, se prêtant à la fraude, à la fabrication clandestine des alcools et devant rester exercée à ce titre, ainsi que toutes matières rentrant dans cette catégorie........ 200 »

MONOPOLE DE L'ALCOOL. — (Evaluation minimum du *Petit Journal*)..... 1000 »

MONOPOLE DES TABACS, DES ALLUMETTES, DES POUDRES ET DES EXPLOSIFS QUELCONQUES.................... 500 »

PATENTES. — (Réduites de plus des 3/4); on ne leur demandera que... 100 »

PRODUITS DOMANIAUX.................... 50 »

CONTRIBUTION PERSONNELLE. — Seulement.................... 50 »

» » Évaluation pour service d'assurances..... 50 »

REVENUS DIVERS. — Produits universitaires, amendes et condamnations pécuniaires, retenues diverses, contingents coloniaux, impôt sur les étrangers, les célibataires, etc.................... 150 »

4.200 millions.

NOTA. — Les impositions des Portes et Fenêtres sont laissées aux villes et communes pour remplacer l'octroi et faire face aux dépenses du budget local.

Bordeaux. — Imprimerie Nouvelle A. BELLIER et Cie, 16, rue Cabirol.

84

www.ingramcontent.com/pod-product-compliance
Lightning Source LLC
Chambersburg PA
CBHW050526210326
41520CB00012B/2456